초 절 정 속 담 고 수 되 기

건방이의
속담
수련기

천효정 글·이정태 그림

비룡소

차 례

1장
어질 인(仁)
또 다른 수련의 시작 …9
속담 파일 …35
그림 속담 퀴즈 …42

2장
바를 의(義)
골목길의 정의를 지켜라 …43
속담 파일 …70

3장
예의 예(禮)
당신은 오늘 ○○○ 데이트를 하게 된다 …79
속담 파일 …105
초성 속담 퀴즈 …112

4장
알 지(智)
건방이의 안 건방진 나머지 공부 ···113
속담 파일 ···133
그림 속담 퀴즈 ···140

5장
믿을 신(信)
나 자신을 믿는 마음! ···141
속담 파일 ···174
초성 속담 퀴즈 ···183

속담 찾아 보기 ···184

사부, 여기서 나가면 진짜 가만 안 둔다! 고생 끝에 낙이 오겠지?

등장인물

이건방

오방도사의 둘째 제자. 폭력으로부터 학생들을 지켜 주는 머니맨 어벤저스를 결성하여 리더로 활약하고 있다.
그러나 속담에 있어서는 초특급 바보.

신선비

골목길의 악당. 속담 세 문제를 내 주고 못 맞히면 길바닥에서 공부를 시켜 어린이들을 공포에 떨게 한다.

오방도사

권법의 일인자. 상상초월 무식한 둘째 제자 때문에 평소 고민이 많다.

설화당주의 일곱째 제자. 검법 영재이며 건방이와는 달콤살벌한 연인 관계다.

초아

도꼬

오방도사의 첫째 제자. 실제는 서른 중반이지만 약초를 잘못 먹어 초등학생이 된 비운의 사나이.

오지만

건방이와 같은 반 친구(원수). 독극물을 잘 다루며 암기술에 능하다.

AI

건방이의 담임 선생님. 일 년 열두 달 무표정해서 인공지능이라 불린다. 그러나 진짜 정체는?

설화당주

검으로 무림을 제패한 전설의 고수. 제자 교육에도 일가견이 있다.

1장

어질 인(仁)
또 다른 수련의 시작

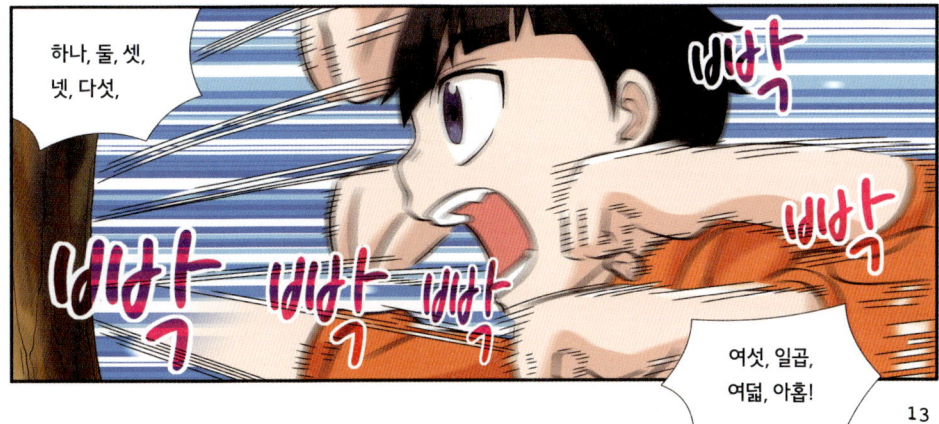

이놈아! 어찌 그리 쉬운 속담 뜻도 모르느냐! 강아지가 사납다는 뜻이 아니라

철딱서니 없이 고수에게 함부로 덤비는 하수를 일컫는 말이니라!

우둑

파닥

네 녀석처럼 말이다!

오방도사가 앓아 누운 어느 날

사부, 약재상 다녀올게요!

내가 속담은
좀 잘 알지.
무조건 쓴 맛이
나는 걸로 주세요.
음, 그런게
있긴 한데
괜찮으시겠어요?
사람이 먹을 만
한 게 아닌데.
퉤퉤퉤!
이렇게 쓴 약은
처음이야!
씀바귀+소태+말린 소똥
좋은 약이
입에 쓰다라는
속담도 모르세요?
번갯불에 콩 볶아 먹는다
내 제자지만 정말
심하게 모자라군.
빠지직!
번갯불에 볶은
콩이 그렇게
맛있대요.

어질 인
仁

그동안 속담 공부하느라 고생이 많았을 게야. 앞으로는 하기 싫으면 안 해도 된다.

지, 진짜요?

믿을 수 없음

그럼, 그럼. 안 해도 되지.

야호! 경사났네!

☑ 열 번 찍어 안 넘어가는 나무 없다

아무리 큰 나무도 여러 번 도끼질하면 넘어가듯이, 안 될 것 같던 일도 여러 번 시도하면 결국 이루어진다는 뜻이니라.

쳇. 이젠 확실히 안다고요. 근데 그거랑 비슷한 속담도 꽤 많던데요?

비슷한 속담 **낙숫물이 댓돌 뚫는다** 아무리 힘없고 작은 물방울이라도 계속 떨어지면 집의 기둥을 받치는 굳은 댓돌을 뚫을 수 있다.
무쇠도 갈면 바늘이 된다 딱딱한 쇳덩이도 계속해서 갈면 가는 바늘로 만들 수 있다.
지성이면 감천 정성이 지극하면 하늘도 감동하여 도와준다.

오호~ 제법이구나. '작은 도끼도 연달아 치면 큰 나무를 눕힌다'는 속담도 빼놓으면 안 되느니라.

☑ 하룻강아지 범 무서운 줄 모른다

이건 제가 설명할게요. 하룻강아지라면 태어난 지 얼마 안 되는 강아지잖아요? 그러니깐 상대를 몰라보고 철없이 함부로 덤비는 경우를 말하는 거죠.

오냐. 비슷한 속담을 두 개 더 가르쳐 주마.

비슷한 속담 **비루먹은 강아지 대호를 건드린다** 피부병으로 털이 빠진 강아지가 겁 없이 큰 호랑이를 건드린다.
미련한 송아지 백정을 모른다 미련한 송아지가 소를 잡는 백정을 몰라본다.

호호호. 그거 마음에 드네요. 천재 고수 이건방 님을 몰라보는 미련한 놈들한테 써먹어야지.

이놈아! 천재 고수가 다 얼어 죽었느냐?

☑ 좋은 약이 입에 쓰다

 비슷한 속담으로 '입에 쓴 약이 병을 고친다'도 있지. 충고나 비판이 당장은 듣기에 싫지만, 그것을 잘 받아들이면 자신에게 도움이 된다는 뜻이니라. 다시 한번 말하지만, 진짜 먹는 약을 말하는 게 아니다. 알겠느냐?

 쳇! 알았다고요. 그러니까 지금 듣고 있는 사부의 잔소리도 당장은 짜증나지만, 잘 새겨들으면 나한테 이롭다, 이거잖아요.

짜증? 허허허……
아무래도 내가 너무
오냐오냐 했나 보구나.

첫째야! 당장 효자손 가져오너라!

☑ 번갯불에 콩 볶아 먹는다

 이상하네…… 번갯불에 콩 볶아 먹으면 맛있어서 나온 속담이 진짜로 아니에요?

 이 무식한 놈아! 번갯불에 통구이가 될 뻔하고도 아직 정신을 못 차렸느냐? 번쩍하는 번갯불에 콩을 볶아 먹을 만큼 행동이 무척 빠르다는 말이니라. 또 성질이 조급하여 무엇이든지 당장 해치우려 한다는 의미도 있지.

 쩝. 그럼 버킷 리스트에서 '번갯불에 콩 볶아 먹기'는 지워야겠네. 아힙다.

☑ 낮말은 새가 듣고 밤말은 쥐가 듣는다

아무리 비밀리에 한 말이라도 반드시 남의 귀에 들어가게 되니, 말조심을 하라는 뜻이니라. 지난번에 내가 알려준 비슷한 속담은 기억하고 있느냐?

당근이죠.

비슷한 속담 **바람벽에도 귀가 있다** 바람벽은 바람을 막기 위에 빙 둘러놓은 벽을 말한다. 몰래 한 말도 다 알게 되니 어디서든 함부로 말을 하지 말아야 한다.
발 없는 말이 천리 간다 한번 내뱉은 말은 쉽게 퍼지니 말을 삼가야 한다.

옳거니! 잘했다. 아는 것으로 그치지 말고 앞으로는 제발 말조심을 실천하거라.

뉘에뉘에.

☑ 쇠귀에 경 읽기

소의 귀에 경을 읽어 봤자 하나도 알아듣지 못한다······.
근데, 사부! 경이 뭐예요?

불교 경전이니라. 소가 이해하기에는 너무 어려운 책을 말하는 거지. 비슷한 속담으로 '말귀에 염불'도 있지.

아! 나도 비슷한 거 하나 알아요. '한 귀로 듣고 한 귀로 흘린다' 이것도 맞죠?

그렇지. 남이 애써 일러 주는 말을 귀담아 듣지 않고 대강 흘려듣는다는 뜻이니 비슷하다고 할 수 있겠구나.
딱 네 녀석에게 들어맞는 속담이기도 하고.

☑ 하나를 들으면 열을 안다

지극히 총명하다는 뜻이다. 너랑은 저~~~~~~~언~~~~~~~혀 관계가 없는 속담이니라.

나 참, 어이가 없네. 하나를 들으면 하나를 아는 거지 어떻게 열을 알아요? 나는 완전 정상이라고요!

쯧쯧. 그래서 너 같은 녀석을 위해 생긴 속담은 따로 있지.

`반대 속담` **하나만 알고 둘은 모른다** 사물의 한 측면만 보고, 여러 각도로는 보지 못한다. 생각이 밝지 못하여 융통성이 없고 미련하다.

`비슷한 듯 다른 속담` **하나를 보면 열을 안다** 일부만 봐도 전체를 미루어 알 수 있다.

'하나를 보면 열은 안다'는 진짜 나한테 딱이네요. 수검술 하나만 봐도 건방 님의······

무술 실력이 얼마나 형편없는지 알 수 있지. 암.

캭!!!!!!

☑ 낫 놓고 기역자도 모른다

기역자 모양으로 생긴 낫을 놓고도 기역 자를 모른다. 즉, 글자를 모르거나 아주 무식함을 비유적으로 이르는 속담이지. 비슷한 속담으로는 '가갸 뒤 자도 모른다'도 있느니라.

이건 나랑은 확실히 상관없는 속담이네요. 저는 낫 없어도 기역자 쓸 줄 알고, 가갸 뒤 자는 '거겨고교구규그기'라는 것도 알거든요. 히히히.

그래 너 잘났구나, 너 잘났어.

그건 그렇고, 요즘 낫 놓고 기역자도 모르는 사람은 거의 없는데 말이죠. 빨래집게 놓고 A자를 모르는 사람은 있더라고요. 사부 혹시 영어는 잘해요?

 에, 에헴! 제자야, 시간 없으니 빨리 다음 속담으로 넘어가자꾸나.

☑ 평안감사도 저 싫으면 그만이다

 평안감사는 조선시대 평안남북도를 다스리는 벼슬이니라. 이곳은 외적을 방어하기 위해 나라의 지원이 넉넉했고, 근무 환경이 좋아서 인기가 있었지. 하지만 제아무리 좋은 일도 본인의 마음이 내키지 않으면 못 하는 법이니라.

 '배가 부르니 평안감사도 부럽지 않다'는 말을 들어 본 적이 있는데, 여기서 나오는 평안감사가 그 평안감사예요?

 그렇지. 역시 네 녀석은 먹는 것과 관계된 속담은 이해가 빠르구나.

 데헷!

☑ 등잔 밑이 어둡다

 이건 제가 설명할게요! 어떤 것에 가까이 있는 사람이 도리어 그것에 대하여 잘 모른다.

 아니, 가르쳐 주지도 않았는데 어찌 이리 잘 아느냐?

 에휴. 제가 오지만한테 당해 보고 알았잖아요. 2년이나 같은 반이었던 친구가 그렇게 음흉한 녀석일 줄이야.

☑ 떡 줄 사람은 생각도 않는데 김칫국부터 마신다

해 줄 사람은 생각지도 않는데 미리부터 다 된 일로 알고 행동한다는 뜻이지.

음. 맞네요. 떡에는 역시 김칫국이죠. 캬!

······속담을 제대로 이해한 것이 맞느냐?

☑ 콩으로 메주를 쑨다고 해도 곧이듣지 않는다

도저히 이해가 안 되네. 그럼 메주를 콩으로 쑤지, 팥으로 쑤나? 이렇게 당연한 걸 왜 안 믿을까요?

살다 보면 그렇게 고집 센 사람이 있는 법이다. 아무리 사실대로 말해도 믿지를 않지. 아마 네 주변에도 한 사람쯤은 있을 것이니라.

아! 그러고 보니 한 명 있어요! 내가 검법 천재라는 당연한 소리를 계속해도 곧이듣지 않은 고집불통 사부.

첫째야! 왜 아직까지 효자손을 안 가져오는 게야!

☑️ 쇠뿔도 단김에 빼랬다

든든히 박힌 소의 뿔을 뽑으려면 불로 달구어 놓은 김에 해치워야 한다는 뜻이니라. 어떤 일이든지 하려고 생각했으면 한창 열이 올랐을 때 망설이지 말고 곧 행동으로 옮겨야 함을 비유적으로 이르는 속담이지.

근데, 사부. 소뿔은 왜 뽑아요?

으잉? 그, 그야 위험하니까 그러는 거지.

누구한테요? 사람한테요?

사람도 사람이지만 소들끼리 싸우는 게 더 문제지. 목장에서 기르는 소는 뿔을 그대로 놔두면 자기들끼리 싸워서 상처가 나고…… 아니, 내가 왜 이런 걸 설명하고 있는 게야?

☑️ 참을 인(忍)자가 셋이면 살인도 면한다.

참을 인(忍)자는 心(마음 심)자 위에 刃(칼날 인)이 올라 앉아 있는 글자다. 가슴 위에 칼을 올려놓고 있는 형국이니, 어떤 심정이겠느냐?

음, 일단 힘들 것 같고요. 여차하면 내가 찔리거나 곁에 있는 사람을 찌를 수도 있으니까 조마조마할 것 같아요.

옳거니! 그래서 사람이 크게 화난 것을 참을 수 있다면 큰 화를 피할 수 있다, 이런 뜻이 되는 것이다.

칫. 근데 왜 사부는 그렇게 참을성이 없어요? 맨날 아무 잘못도 없는 제자 때리고 욕하는 건 기본이면서.

忍忍忍忍忍忍忍忍忍忍忍忍忍忍忍忍忍忍忍忍……

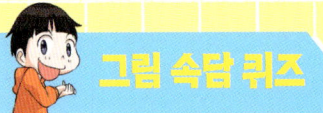 **그림 속담 퀴즈** 그림에 알맞은 속담을 알아맞혀 보세요.

정답: 1. 하룻강아지 범 무서운 줄 모른다 2. 좋은 약이 입에 쓰다 3. 등잔 밑이 어둡다 4. 콩으로 메주를 쑨다 해도 곧이듣지 않는다

2장

바를 의(義)
골목길의 정의를 지켜라

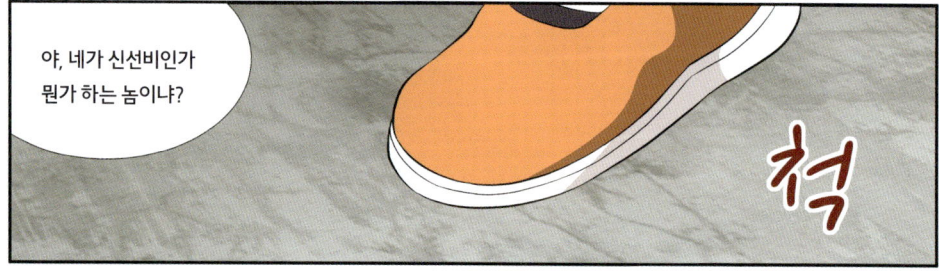

☑ 호랑이도 제 말 하면 온다

깊은 산에 있는 호랑이조차도 저에 대하여 이야기하면 찾아온다는 뜻이오. 그러니 자리에 없는 사람이라도 함부로 흉보아서는 안 된다는 말이지요.

아, 어쩐지. 그래서 내가 사부 욕을 하면 꼭 사부가 나타났던 거구나. 앞으로는…… 속으로만 욕해야지.

……욕을 아예 안 하는 건 불가능한 일이오?

☑ 무식은 암흑이요 지식은 광명이다

무식한 사람의 앞날은 캄캄한 암흑과 같으나 지식을 갖춘 사람의 앞날은 광명한 세상이 된다는 뜻으로, 배움의 중요성을 강조하여 이르는 말이지요. 공자에게 꼭 필요한 속담이오. 자, 따라서 해 봅시다. 무식은 암흑이요 지식은 광명이다!

무식은 암흑이요 지식은 광명이다……의 반대.

?

☑ 고양이 목에 방울 달기

실행하지도 못할 일을 공연히 의논함을 이르는 말! 하하하. 역시 나는 천재야. 이걸 다 외우다니.

휴. 100번째 쓰니 드디어 외우시는구려.

☑ 바늘 도둑이 소도둑 된다

이 속담은 자그마한 나쁜 일도 자꾸 해서 버릇이 되면 나중에는 큰 죄를 저지르게 된다는 뜻이오. 이와 비슷한 속담도 있소.

비슷한 속담 **바늘 쌈지에서 도둑이 난다** 바늘을 넣어두는 작은 주머니 속을 뒤지는 것에서 도둑질이 시작된다.

아~ 이건 딱 형님 얘기구먼. 우리 형님이 도꼬마리 시절에…….

누구야! 누가 방금 내 얘기했어?

으악! 호랑이도 제 말하니 왔다!

☑ 참새가 방앗간을 그냥 지나치랴

자기가 좋아하는 곳은 그대로 지나치지 못함을 비유적으로 이르는 속담. 맞지?

그렇소. 소생이 개인적으로 아끼는 속담이지요. 상대가 좋아하는 것, 예를 들면 음식이나 신형 스마트폰 등을 이용해서 협박할 때 쓰면 참 유용하다오.

헐. 너, 선비라고 하기엔 너무 사악한 거 아니야?

☑ 고래 싸움에 새우 등 터진다

강한 자들끼리 싸우는 통에 아무 상관도 없는 약한 자가 중간에 끼어 피해를 입게 됨을 비유적으로 이르는 말이라오.

음. 초고수들 싸움에 괜히 하수가 끼어들어 얻어터진다. 뭐, 이런 뜻이구먼.

정확하오.

☑ 작은 고추가 맵다

나도 이건 알아. 커다란 아삭이 고추보다 작은 청양 고추가 더 맵단 말이야. 내가 또 한 요리하거든.

쯧쯧, 그런 뜻이 아니라오. 몸집이 작은 사람이 큰 사람보다 재주가 뛰어나고 야무짐을 비유적으로 이르는 말이지요.

흥, 그게 그거지.

☑ 식은 죽 먹기

거리낌 없이 아주 쉽게 예사로 하는 모양을 비유한 말이오. 비슷한 속담으로 '누워서 떡 먹기'도 있소.

헐! 누워서 떡 먹으려면 얼마나 힘든지 알아? 그리고 누워서 떡 먹다가 잘못하면 목이 막혀서 죽을 수도 있다고!

……지금 그게 요점이 아니오만.

☑ 누워서 침 뱉기

남을 해치려고 하다가 도리어 자기가 해를 입게 된다는 것을 비유적으로 이르는 말이오. 하늘을 향해 침을 뱉어 봐야 자기 얼굴에 떨어지지 않소? 자기에게 해가 돌아올 짓을 함을 비유적으로 이르는 속담이지요.

헐, 누워서 침을 뱉으려면……

얼마나 힘든지 얘기하려는 거면 제발 입 다물고 문제나 푸시구려.

☑ 서당 개 삼 년이면 풍월을 읊는다

서당에서 삼 년 동안 살면서 매일 글 읽는 소리를 듣다 보면 개조차도 글 읽는 소리를 내게 된다는 뜻이오. 어떤 분야에 대하여 지식과 경험이 전혀 없는 사람이라도 그 부문에 오래 있으면 얼마간의 지식과 경험을 갖게 된다는 속담이지요.

그러고 보니 맨날 한자 쓰는 사부 밑에 3년 넘게 있었군. 흐흐, 그럼 이제 나도 한자를 좀 알게 되는 건가?

언제나 예외는 있는 법이라오.

☑ 티끌 모아 태산

으이구 속 터져! 아무리 작은 것이라도 모이고 모이면 나중에 큰 덩어리가 됨을 비유적으로 이르는 말이잖아. 형님은 어떻게 이렇게 쉬운 속담도 모르냐고! 가만 보면 진짜 완전 속담 바보라니까?

이제껏 제가 만난 최고의 속담 바보가 할 말은 아닌 것 같소.

☑ 빈 수레가 요란하다

이 속담 역시 모르시겠지요? 소생이 뜻을 자세히 설명해 드리겠소.

야! 내가 속담만 좀 몰라서 그렇지. 무술 실력은 진짜 대단하다고! 내가 수검술 좀 보여 줄까? 그게 초고수들이나 쓴다는 전설의 기술인데 말이야…….

실속 없는 사람이 겉으로 더 떠들어 댄다는 뜻이오.

…….

지금 상당히 뜨끔한 표정을 짓고 있는 듯 보이는데, 소생이 잘못 본 것이오?

…… 다음으로 넘어가기나 하시지!

☑ 똥 묻은 개가 겨 묻은 개 나무란다

자기는 더 큰 흉이 있으면서 도리어 남의 작은 흉을 본다.
맞아, 가끔 보면 이런 뻔뻔한 놈들이 있더라고.

그래서 비슷한 속담도 꽤 있소.

비슷한 속담 **숯이 검정 나무란다** 새카만 숯이 다른 검은 것을 꾸짖는다. 제 허물은 생각하지 않고 남의 허물을 들추어낸다.
제 흉 열 가지 가진 놈이 남의 흉 한 가지를 본다 많은 결점을 가진 사람이 다른 사람의 자그마한 결점을 들어 나쁘게 말한다.

후후. 그러고 보니 멀리서 찾을 것도 없네. 너 말이야, 고작 오지만한테 밀리는 실력으로 그 난리난리…….

오늘 소생과 오붓하게 공부하며 날밤 한번 새워 보시겠소?

☑ 백지장도 맞들면 낫다

 쉬운 일이라도 서로 도와 하면 훨씬 쉽다는 말이오.

 백지장이 뭔데?

 하얀 종이 한 장을 말하는 거요.

 음. 그럼 현대에는 이렇게 응용할 수 있겠군. 'A4 용지 한 장도 맞들면 낫다'

☑ 가랑비에 옷 젖는 줄 모른다

 가늘게 내리는 비는 조금씩 젖어 들기 때문에 여간해서도 옷이 젖는 줄을 깨닫지 못하오. 그래서……

 그래 그래 나도 안다고. 아무리 사소한 것이라도 그것이 거듭되면 무시하지 못할 정도로 크게 됨을 비유적으로 이르는 거잖아.

 짝짝짝!

☑ 물에 빠진 놈 건져 놓으니까 보따리 내놓으라 한다

 큰 위기에서 벗어나자마자 구해 준 사람의 고마움을 잊고 도리어 생트집을 잡는 경우를 이르는 말. 와, 나 이거 완전 경험했잖아. 옛날에 욕쟁이 영감을 도와준 적이 있었는데……

⋮

1시간 경과

근데 그 욕쟁이 영감이…… 아니, 봉 선생이 얼마 전에 돌아가셨다는 소문을 들었다니까! 막상 그 얘기를 들으니까 마음이 안 좋더라고.

 ……지금 「건방이의 건방진 수련기」 5권부터 「건방이의 초강력 수련기」 4권까지의 줄거리를 다 얘기한 건 아시오?

☑ 될성부른 나무는 떡잎부터 알아본다

 잘 될 사람은 어려서부터 남달리 장래성이 엿보인다는 뜻이오. 결과가 좋은 것은 처음부터 잘된다는 말이지요.

 음. 그러고 보니 나도 세 살쯤부터……

 제발 그만해! 이러다가 우리 다 죽어!!

☑ 벼 이삭은 익을수록 고개를 숙인다

 교양이 있고 수양을 쌓은 사람일수록 겸손하고 남 앞에서 자기를 내세우려 하지 않는다는 것을 비유적으로 이르는 말. 음 딱 나네, 뭘.

 …….

 웬일이래? 바로 '말도 안 된다. 너랑 전혀 안 어울리는 속담이다' 할 줄 알았더니.

 (너무 충격적인 말을 듣고 얼음이 되었음)

☑ 구르는 돌은 이끼가 안 낀다

부지런하고 꾸준히 노력하는 사람은 침체되지 않고 계속 발전한다는 뜻이오.

그럼 구르는 돌은 노력하는 사람이라는 거고. 이끼는 뭔데?

이끼? 그, 글쎄요…….

내가 볼 땐 이것 같아. 구르는 돌은 하루에 한 번씩 똥을 규칙적으로 누는 사람을 말하는 거야. 그럼 이끼는 뭐겠어? 당연히 숙변을 말하는 거지. 킬킬킬.

아니, 말도 안 되면서 은근 말이 되는 것 같은 이 기분은 대체!

☑ 호미로 막을 것을 가래로 막는다

호미는 알겠는데 가래는 뭐야? 설마 감기 걸리면 목에서 나오는…….

그럴 리가 있겠소? 흙을 뜨고 파는 데 쓰이는 연장이오. 언뜻 보면 삽처럼 보이는데, 호미보다 훨씬 크고 무거운 농기구라오.

다행이네. 난 또 가래 뱉는 장면 상상할 뻔.

적은 힘으로 충분히 처리할 수 있는 일에 쓸데없이 많은 힘을 들이는 경우를 비유적으로 이르는 말이오.

아하! 빨리 처리했으면 쉽게 해결됐을 일을 괜히 미뤘다가 나중에 된통 고생하게 되는 경우를 말하는 거구나!

훌륭하오.

☑ 뛰는 놈 위에 나는 놈 있다

아무리 재주가 뛰어나다 하더라도 그보다 더 뛰어난 사람이 있다는 뜻으로, 스스로 뽐내는 사람을 경계하여 이르는 말이오.

에이, 뭘 모르시네. 무술인들 끼리는 좀 다르게 쓴다고. '고수 위에 초고수 있다'

☑ 귀한 자식 매 한 대 더 때리고 미운 자식 떡 한 개 더 준다

자식을 기르는 도리로서, 귀한 자식일수록 버릇을 잘 가르쳐야 하고 미운 자식일수록 잘 감싸 줘야 한다는 뜻 맞지?

그렇소. 그래서 지난번 소생이 공자에게 그 많은 먹거리를 던져 주었던 것이지요. 흐흐흐.

야, 너.

☑ 믿는 도끼에 발등 찍힌다

믿고 있던 일이 어긋나거나 믿고 있던 사람이 배반하여 오히려 해를 입음을 비유적으로 이르는 말이오.

으악! 지금 내가 날밤 새도록 공부한 거야?

허허허. 이제 공자도 배움의 즐거움을 느끼신 듯하군요. 오늘 다 못한 건 내일 만나서 계속하면 어떨지요?

제정신이냐! 내 인생에 이런 날은 다시는! 네버! 절대! 없어!

꼬끼오~

3장
예의 예(禮)
당신은 오늘 ○○○ 데이트를 하게 된다

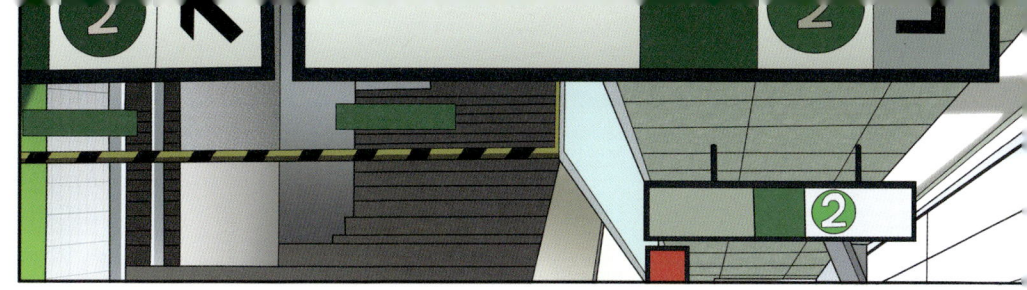

☑ 짚신도 제짝이 있다

 보잘것없는 사람도 제짝이 있다는 뜻이야.

 나도 알아. 형님이 나한테 맨날 그랬거든.

 뭐? 짚신 짝은 짚신인데. 이거 은근히 기분 나쁘네?

☑ 말이 씨가 된다

 이 속담은 아무리 생각해도 이해가 안 된다. 그 큰 말이 어떻게 작은 씨가 돼?

 그게 아니지! 입으로 말한 것이 사실대로 되었을 때를 이르는 속담이라고.

 야! 그건 더 이상하지. 그 말은 심지어 눈에 보이지도 않잖아?

 어휴. 널 대체 어떻게 해야 하니.

☑ 누이 좋고 매부 좋다

 누이는 알겠는데 매부는 누구야?

 누이의 남편을 매부라고 해.

 누이? 그럼 초선 누님하고 초선 누님 남편*이 다 좋다는 뜻이네?

작가 주: 이 분의 정체는 건방이의 초강력 시리즈가 완결된 후, 외전에서 확인하실 수 있습니다.

말이 그렇다는 거지. 진짜 누이랑 매부일 필요는 없어. 어떤 일이 서로에게 모두 이롭고 좋다는 뜻이야. 이것과 비슷하지만 초등학생에게 더 많이 쓰이는 다른 속담이 있어.

|비슷한 속담| **꿩 먹고 알 먹기** 한 가지 일을 하여 두 가지 이상의 이익을 얻는다.
도랑 치고 가재 잡는다 도랑은 물이 흐르도록 땅을 좁고 길게 판 작은 개울을 뜻한다. 도랑을 만들기 위해 돌을 들면, 돌에 숨어 있던 가재까지 잡을 수 있다.

 아! '마당 쓸고 돈 줍는다'도 있다.

 '제자를 가르치고 스트레스도 푼다'는 말도 있지. 후후후.

 ???

☑ 엎질러진 물

 제자야, 이건 네가 한번 설명해 보거라.

 한번 저지른 일은 다시 바로잡거나 돌이킬 수 없음을 이르는 속담이잖아.

 옳거니! 그럼 비슷한 속담으로 '이미 벌린 춤'의 뜻은 무엇이냐?

 그건 음, 뭐였더라. 이미 시작한 일을 중간에 막을 수 없는 경우를 이르는 말…… 일걸. 아마?

 그렇지! 허허허. 잘 설명하였구나, 제자야.

 야 근데 너 초사부 캐릭터에 너무 과하게 몰입한 거 아니야?

☑ 자라 보고 놀란 가슴 솥뚜껑 보고 놀란다

 이건 이제 확실히 알지! **무언가에 놀란 사람은 비슷한 사물만 보아도 겁을 낸다는 뜻**이잖아. 네가 벌레한테 한번 놀라더니 나뭇잎이 벌레인 줄 알고 엄청 놀라는 바람에 되게 웃겼었잖아! 하하하!

 …….

 아……아하하. 빠, 빨리 다음 속담으로 넘어갈까?

☑ 가는 날이 장날

 일을 보러 가니 공교롭게 장이 서는 날이라는 뜻이야. **어떤 일을 하려고 하는데 뜻하지 않은 일을 공교롭게 당함을 비유적으로 이르는 말**이지.

 알았어. 그건 그렇고 아예 쉬는 날이 없는 놀이동산으로 놀러 가자. 다음 번 우리 데이트 할 때.

 으, 응. 좋아.　　※주의! 손발 오글거림 주의보 발령 중!

☑ 마파람에 게 눈 감추듯

 마파람은 남쪽에서 불어오는 바람을 말해. 마파람이 불면 곧 비가 올 징조라서 게가 겁을 먹고 순식간에 눈을 쏙 집어넣는대. 그래서 **음식을 엄청 빨리 먹어치운다는 뜻**이 됐고. 딱 너지?

 하하하! 뭘 그 정도 가지고. 쑥스럽게.

 칭찬 아닌데.

☑ 같은 값이면 다홍치마

값이 같거나 같은 노력을 한다면 품질이 좋은 것을 택한다는 말이지. 근데 너 다홍색이 무슨 색인지는 알아?

당연히 알지! 빨간색이잖아.

나 참. 빨간색 종류가 얼마나 많은데. 다홍색은 그냥 빨간색이 아니라 주황색에 가까운 체리 레드야.

뭐? 그럼 다른 레드도 있어?

당연하지. 다크 레드, 인디언 레드, 베니션 레드, 카드뮴 레드, 라이트 레드…… 종류가 엄청 많다고. 너도 알잖아? 내가 레드 계열을 좋아해서 무사복도 종류대로 바꿔가며 입는 거.

헐, 진짜? 나는 네가 똑같은 무사복을 빨지도 않고 계속 입는 줄 알았는데.*

뭐어? 야! 그러는 너는 어떻고!

작가 주: 건방이뿐 아니라 많은 독자께서 '주인공들이 왜 맨날 똑같이 입고 다니냐'고 항의하셨습니다. 오해를 푸시기 바랍니다.

☑ 가는 말이 고와야 오는 말이 곱다

자기가 남에게 말이나 행동을 좋게 해야 남도 자기에게 좋게 한다. 맞지?

그걸 아는 애가 지만이하곤 왜 맨날 그 모양이야? 너흰 가는 말이 거칠고 오는 말도 거칠잖아.

그야 우린 가는 말이 고와 봤자 오는 말은 똑같이 거칠거든.

☑ 남의 손의 떡은 커 보인다

남의 것이 제 것보다 더 좋아 보이고 일은 남의 일이 제 일보다 더 쉬워 보인다는 뜻이야.

아직도 인정할 수 없어. 그 형 햄버거가 확실히 내 것보다 컸다고!

어휴, 누가 먹방이 아니랄까 봐.

☑ 안 되는 사람은 뒤로 넘어져도 코가 깨진다

운수가 나쁜 사람은 보통 사람에게는 생기지도 않는 나쁜 일까지 생긴다는 뜻이지.

맞아. 일이 안 되려면 상식적으로 생각할 수 없는 실패와 재난이 거듭된다는 말이지. 이거랑 비슷하면서 재미있는 다른 속담도 있어.

비슷한 속담 **계란에도 뼈가 있다** 늘 일이 잘 안 되던 사람이 모처럼 좋은 기회를 만났건만, 그 일마저 역시 잘 안 됨을 이르는 말.

아! 나 옛날에 생달걀 깼는데 그 속에서 병아리 나온 적 있어. 사부가 어디서 달걀을 구해 왔는데 알고 보니 유정란이었더라고.

뭐? 서, 설마 그거 먹은 거 아니지?

응? 그야 당연히…… 흐흐흐. 멀쩡한 음식을 버리면 벌 받는다고.

야! 아무리 그래도 그렇지! 이 병아리 살인마야!

☑ 모르면 약이요 아는 게 병

모르면 차라리 마음이 편하나 조금 알고 있는 것은 걱정거리만 된다는 뜻.
야! 농담 좀 한 걸 가지고. 병아리 안 먹었다니깐. 아직도 삐쳤냐?

삐치긴 누가 삐쳤다고 그래?

☑ 보고도 못 먹는 것은 그림의 떡

아무런 실속이 없다는 뜻임.

더 이상 설명 없어?

…….

어휴, 너 보면 은근히 잘 삐치더라.

뭐?

야, 내가 건방이의 건방진 수련기 1권부터 죽 읊어줘 봐? 우리 처음 만났을 때 내가 네 검술 모욕했다고 삐쳐서 나한테 결투 신청했잖아. 그 후엔 내가 네 연검 훔쳐 갔는데 되레 네가 혼났다고 또 엄청 삐쳤었지. 거의 일주일도 넘게 삐쳐 있었던 거 기억 안 나? 그것뿐이면 말도 안 한다. 설화당주님이 나한테 검술 가르쳐 주신다고 했을 때는 또 어떻고……

……오냐, 그렇게 소원이라면 내가 오늘 삐친 걸 제대로 보여 주마.

☑ 개똥도 약에 쓰려면 없다

 평소에 흔하던 것도 막상 긴하게 쓰려고 구하면 없다는 뜻이다. 무슨 뜻인지 이해했지?

 네네 초사부님. 당연히 이해했죠. 근데 일단 목에 칼은 좀 치워 주시면 안 될까요?

☑ 마른하늘에 날벼락

 뜻하지 아니한 상황에서 뜻밖에 입는 재난을 이르는 말입니다요. 지금 딱 제 상황이랑 같네요.

 잘했다.

 저, 초사부님. 그럼 이제 속담 수업은 끝난 거죠? 헤헤헤.

 그래 끝났다.

 야호!

자, 그럼 이제부터는 속담 복습을 시작한다. 총 100회 실시!

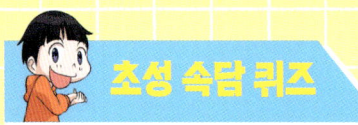

초성 속담 퀴즈

1. 말이 ㅆ가 된다

2. 누이 좋고 ㅁㅂ 좋다

3. 자라 보고 놀란 가슴 ㅅㄸㄲ 보고 놀란다

4. 도랑 치고 ㄱㅈ 잡는다

5. ㄱㄸ도 약에 쓰려면 없다

6. ㄲ 먹고 알 먹기

7. 같은 값이면 ㄷㅎㅊㅁ

8. 남의 손의 ㄸ은 커 보인다

정답 1.씨 2.매부 3.솥뚜껑 4.가재 5.개똥 6.꿩 7.다홍치마 8.떡

4장

알 지(智)
건방이의 안 건방진 나머지 공부

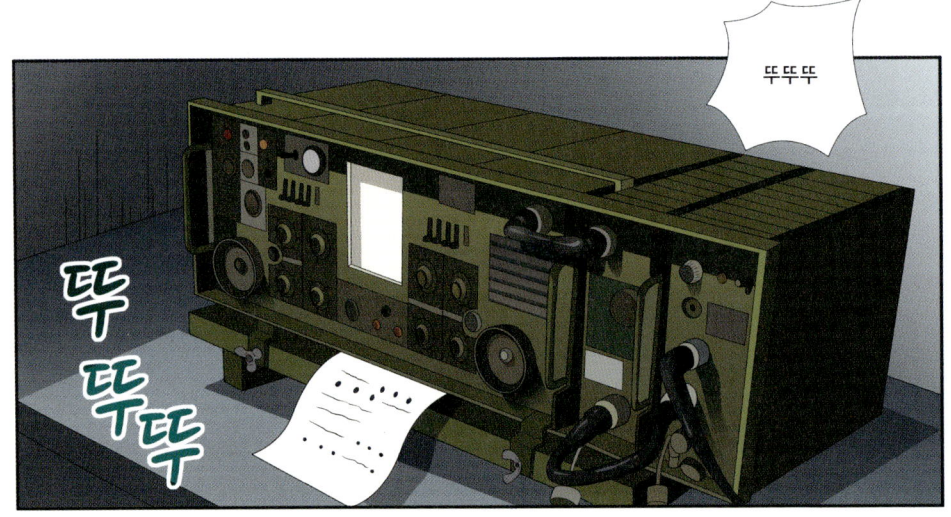

☑ 개구리 올챙이 적 생각 못 한다

이 속담은 형편이 전에 비해 나아진 사람이 지난날의 미천하거나 어렵던 때의 일을 생각지 않고 처음부터 잘난 듯이 뽐냄을 비유적으로 이르는 말이다. 이해가 되었니.

?

못 들었니.

아…… 지금 저한테 물어보신 거예요? 물음표를 안 찍으셔서 몰랐어요.

음, 그 기능은 아직 탑재가 되지 않았거든.

??

☑ 미꾸라지 한 마리가 온 웅덩이를 흐린다

미꾸라지 한 마리가 흙탕물을 일으켜서 웅덩이의 물을 다 흐리게 한다는 뜻으로, 한 사람의 잘못이 전체에 나쁜 영향을 끼치는 경우를 비유적으로 이르는 말이다. 비슷한 속담이 있는데 이건 네가 한번 읽어 보겠니.

네, 넵!!

 어물전 망신은 꼴뚜기가 시킨다 못난 사람일수록 같이 있는 동료를 망신시킨다.

근데 선생님. 어물전이 뭐예요?

어물전 魚物廛 [어물쩐]
명사 생선, 김, 미역 따위의 어물을 전문적으로 파는 가게.
조선 시대에는 내어물전과 외어물전의 구별이 있었다.
〈예시〉 부둣가에는 어물전이 줄지어 있다. 『표준국어대사전』

 헐······.

 혹시 유의어나 반의어 정보도 필요하니.

 아, 아, 아니에요. 하, 하, 하.

☑ 병주고 약 준다

 남을 해치고 나서 약을 주며 그를 구원하는 체한다는 뜻으로, 교활하고 음흉한 자의 행동을 비유적으로 이르는 말이다. 이와 비슷한 속담은 다음과 같다.

비슷한 속담 등 치고 배 만진다 남의 등을 치고 나서 배를 만져 주며 그를 도와주는 체한다.

 그러고 보니 갑자기 화가 나네. 이 속담에 딱 맞는 녀석이 우리 반에도 하나 있거든요. 선생님은 그 녀석의 이중인격을 짐작도 못 하시겠지만······.

 네가 숙제 안 해 온 걸 알고 나한테 숙제 검사를 하도록 만든 후에 굳이 교실에 남아서 나머지 공부를 하는 너에게 도와 줄까 라고 제안하며 약을 올리고 간 오지만을 말하는 거니.

어버버버······.

✅ 말 한마디로 천 냥 빚을 갚는다

 이 속담은 **말만 잘하면 어려운 일이나 불가능해 보이는 일도 해결할 수 있다는 뜻을 가진 속담**이다.

 선생님, 그럼 제가 말 한마디만 잘하면 혹시 나머지 공부 시간도……

 잠깐. 마침 비슷한 속담이 하나 있는데 일단 들어 보고 이어서 말하도록 해라.

비슷한 듯 다른 속담 말 한마디로 사람이 죽고 산다 말이란 깊이 생각하여서 신중하게 하여야 한다.

 상대가 마음에 들지 않는 말을 한마디만 하면 죽일 수도 있다니 참 주옥같은 속담이지. 자 아까 하려던 말 계속 하려무나.

 몸이 가루가 되도록 열심히 공부하겠습니다!!!!

✅ 제 버릇 개 못 준다

 나쁜 버릇은 쉽게 고쳐지지 않는다는 뜻이다. 비슷한 속담으로 '개 버릇 남 주나'도 있다.

 근데 선생님. 사람 버릇을 개한테는 못 준다는 뜻이잖아요. 그럼 혹시 고양이한테는 줄 수 있나요?

 …….   그냥 농담이에요. 너무 안 웃으시기에 혹시나 해서.

 …….   죄, 죄송해요. 제가 잘못했어요.

 (로딩 끝) 하하하. ?

☑ 내코가석자

내 사정이 급하고 어려워서 남을 돌볼 여유가 없음을 비유적으로 이르는 말이다.

석 자가 뭐예요?

길이의 단위다. 한 자가 30.3cm니 석 자는 약 1미터지.

코가 1미터라고요? 그게 가능해요? 피노키오도 아니고.

이 속담에서 언급된 코를 두 가지 다른 뜻으로 해석할 수 있다.

① 코: 기가 살면 '콧대가 높아진다', 기가 꺾이면 '코가 납작해진다'고 표현한다. 따라서 코가 너무 납작해져서 길게 축 처진 상태라는 해석이 가능하다.

② 콧물: 콧물이 아래까지 줄줄 흘러 당장 수습해야 할 상태라는 해석도 가능하다.

저는 왠지 ②번 해석이 맞을 것 같아요!

그럴 줄 알았다. 우리나라 초등학생의 78.21245%가 ②번 해석을 지지하고 있거든.

☑ 아닌 밤중에 홍두깨

홍두깨는 빨래를 두들겨서 주름을 펴는 다듬잇방망이를 말한다. 한밤중에 홍두깨질을 한다는 것은 때에 맞지 않는 엉뚱한 행동을 하고 있다는 뜻이 되겠지. 이와 유사한 속담이 두 개 있다. 먼저 하나는.

비슷한 속담 **어두운 밤에 주먹질** 별안간 엉뚱한 말이나 행동을 한다. 상대방이 보지 않는 데서 화를 내 봤자 아무 소용이 없다는 뜻도 있다.

아, 나머지 하나는 제가 알아요! 얼마 전에 친구한테 배운 건데요…….

그래, 건방이의 속담 수련기 3단계 111쪽에 소개되었던 '마른하늘에 날벼락'도 일맥상통하는 속담이지. 그걸 너에게 알려 준 건 옆반 백초아 학생이고.

아니, 그러니까 대체 그런 걸 어떻게 다 아시는 거냐고요?

☑ 급하다고 바늘허리에 실 매어 못 쓴다

일에는 일정한 순서가 있고 때가 있는 것이므로, 아무리 바빠도 도리에 맞게 순서를 밟아서 일해야 한다는 말이다.

이건 확실히 알겠네요. 제가 사정이 있어서 어릴 적부터 바느질을 해야 했거든요. 사실 그뿐만이 아니죠. 밥하고, 반찬하고, 빨래하고, 마당 쓸고, 개 밥 주고, 걸레질하고, 가계부 쓰고…….

개 밥 주기는 에러라고 뜨는데.

허거걱!

☑ 개똥밭에 굴러도 이승이 낫다

 아무리 천하고 고생스럽게 살더라도 죽는 것보다는 사는 것이 나음을 이르는 말. 유사 속담으로 '말똥에 굴러도 이승이 낫다', '거꾸로 매달아도 사는 세상이 낫다', '땡감을 따 먹어도 이승이 좋다' 등이 있다.

 …….

 이건방.

 …….

 이건방 혹시 자는 건 아니겠지.

☑ 하늘이 무너져도 솟아날 구멍은 있다

 아무리 어려운 경우에 처하더라도 살아 나갈 방도가 생긴다는 말이다. 잠 좀 깨라는 의미로 문제를 하나 내겠다.

문제 다음 중 '하늘이 무너져도 솟아날 구멍은 있다'와 뜻이 전혀 다른 속담을 골라라.
① 사람이 죽으란 법은 없다
② 죽을 수가 닥치면 살 수가 생긴다
③ 못 먹는 감 찔러나 본다

 당근 ③번이죠!!! 먹는 음식 갖고 장난치면 천벌 받는다고요!

 답은 맞다만 이해는 못했구나. ①, ②번은 모두 '어려운 상황에서도 헤쳐 나갈 방법이 있다'는 뜻이지만 ③번은 '내 것으로 만들지 못할 바에야 남도 갖지 못하게 일부러 망가뜨리는 못된 마음'을 일컫는 속담이다.

☑ 천리 길도 한 걸음부터

 무슨 일이나 그 일의 시작이 중요하다는 의미다.

 아하, 완전 이해했어요.

 이해가 아니라 오해를 했을까 봐 염려가 되는구나.

 나 참, 좀 믿어 보시라고요. '만렙도 시작은 쪼렙부터' 뭐 이런 뜻이잖아요. 아, 근데 게임 용어라서 선생님은 이해 못하시려나? 만렙이 뭐냐면요……

 만렙은 10000레벨, 쪼렙은 저레벨이라는 뜻이잖니. 비슷한 맥락으로 '고인물도 시작은 청정수부터'라는 말도 널리 쓰이지.

 !@$$#!^$#^!

☑ 천 길 물속은 알아도 한 길 사람 속은 모른다

 사람의 속마음을 헤아리기란 매우 어렵다는 말이다.

 선생님. 왜.

 제가 감히 뭐라고 하긴 좀 그렇긴 한데요. '천 길 물속은 알아도 한 길 사람 속은 모른다' 이건 솔직히 이건 선생님한테 해당하는 속담 아니에요? 천 길 물속은 알아도 한 길 선생님 속은 진짜 모르겠거든요.

 건방아. 네, 넵?

 넌 내가 아직도 사람으로 보이니.

 끄악!

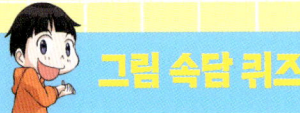

그림 속담 퀴즈

그림에 알맞은 속담을 알아맞혀 보세요.

5장

믿을 신(信)

나 자신을 믿는 마음!

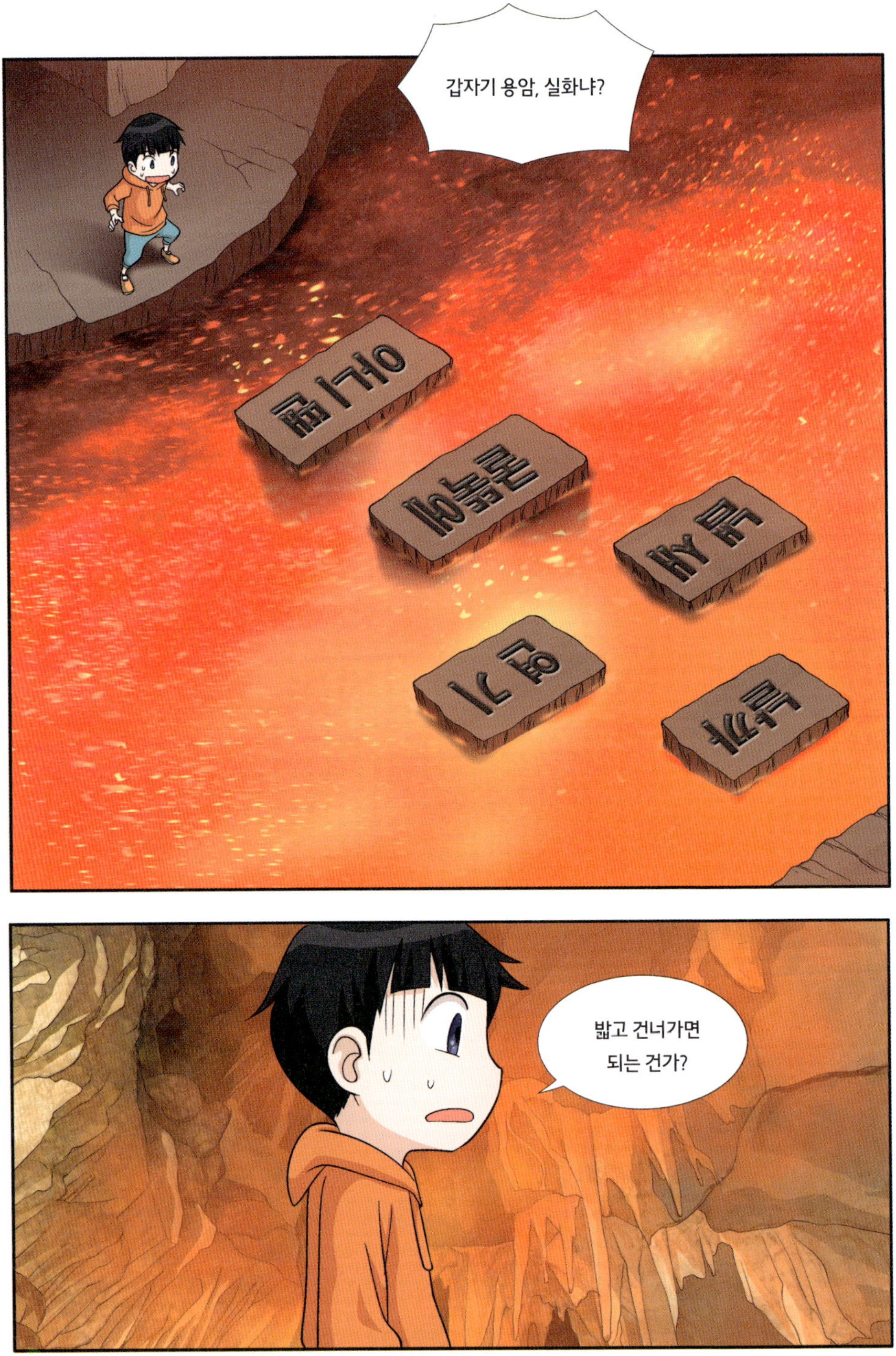

여기 다섯 개의 속담 문제가 있느니라. 문제의 정답이 바로 이 금고의 비밀번호 다섯 자리다. 만약 하나라도 틀리면 이 금고는 자동 폭파될 것이니라. 메롱

이런 젠장. 마지막에 이런 함정을 파 놓았을 줄이야!

이거구나.

파이널 테스트

1. 아래에 동시에 들어갈 동물로 알맞은 것은?

   > ○ 잡아먹고 오리발 내민다
   > ○ 쫓던 개 지붕 쳐다보듯 한다

   ① 소   ② 닭   ③ 개   ④ 쥐

2. '어떤 일이든지 단번에 만족할 수는 없다'는 뜻의 속담은?

   ① 첫 술에 배부르랴

   ② 달도 차면 기운다

   ③ 벼룩도 낯짝이 있다

   ④ 제 꾀에 제가 넘어간다

3. '팔십 노인도 세 살 먹은 아이에게 배울 게 있다'와 뜻이 비슷한 속담은?

   ① 호박이 넝쿨째로 굴러 들어온다

   ② 오르지 못할 나무는 쳐다보지도 마라

   ③ 재주는 곰이 넘고 돈은 주인이 받는다

   ④ 죽을 때까지 배워도 다 배우지 못한다

4. 다음에 들어갈 말로 알맞은 것은?

> 세 살 버릇 ○○ 까지 간다

① 예순   ② 일흔   ③ 여든   ④ 아흔

5. '물이 너무 맑으면 고기가 안 모인다'의 뜻은?

① 잘 아는 일이라도 세심하게 주의를 하라
② 자기 생각이 없이 남이 하는 대로 따라 한다
③ 지은 죄가 있으면 자연히 마음이 조마조마하여 진다
④ 사람이 지나치게 바르고 허물이 없으면, 곁에 사람들이 따르지 않는다

신중하게 문제를 풀어야 할 것이야.

정답 1.② 2.① 3.④ 4.③ 5.④

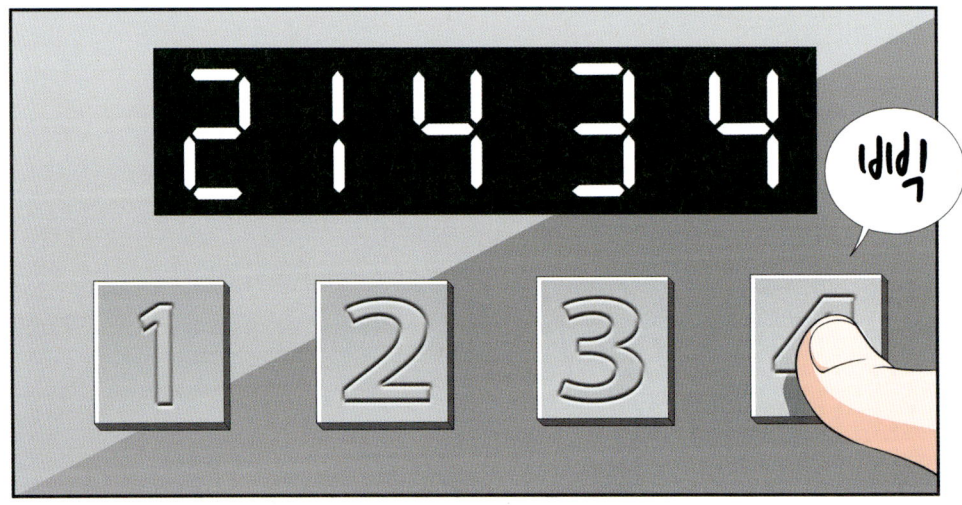

☑ 금강산도 식후경

아무리 재미있는 일이라도 배가 부르고 난 뒤에야 흥이 난다는 뜻이죠.
근데 사부. 새로운 헤어스타일 짱 잘 어울리시네요. 10년은 젊어 보이세요!
히히히.

이 버르장머리라고는 국에 말아 먹으려고 해도 없는 녀석아!
감히 하늘같은 스승님의 머리를 요 모양 요 꼴로 만들어놔?

에이, 제자를 죽일 뻔한 스승도 있는데요, 뭘. 누가 진짜로 너무했는지
지난 일을 하나하나 따져 볼까요?

어, 어흠! 갈 길이 머니 어서 공부나 하자꾸나. 비슷한 속담을 하나 더 알려 주마.

비슷한 속담 **수염이 대 자라도 먹어야 양반이다** 양반이라도 배가 불러야 체면도 차릴 수 있다.
즉, 먹는 것이 중요하다.

아하. 이건 쉽네요.

제대로 알아들은 것이냐? '수염이 대(大) 자'라는 게 무슨 뜻이냐고 안 묻고?

그걸 왜 몰라요? 수염이 크다, 즉 길다는 뜻이잖아요?

오. 놀랍구나.

탕수육 대 자, 하면 느낌 딱 오잖아요. 히히히.

……여러모로 놀랍구나.

☑ 구슬이 서 말이라도 꿰어야 보배

 아무리 훌륭하고 좋은 것이라도 다듬고 정리하여 쓸모 있게 만들어 놓아야 값어치가 있다는 것을 비유적으로 이르는 속담이니라.
비슷한 속담은 네가 한번 읽어 보거라.

비슷한 속담 가마 속의 콩도 삶아야 먹는다 | 솥 속의 콩도 쪄야 익지 | 솥에 넣은 팥이라도 익어야 먹지 진주가 열 그릇이라도 꿰어야 구슬 | 청산 속에 묻힌 옥도 갈아야 빛이 난다

 헥헥. 비슷한 속담이 되게 많네요?

 중요하고, 많이 쓰이는 속담은 그만큼 비슷한 게 많이 생겨나는 법이니라.

 그럼 저는 이걸 추가하고 싶어요. 불판 위의 삼겹살도 익어야 먹는다!

☑ 아니 땐 굴뚝에 연기 날까

 원인이 없으면 결과가 있을 수 없음을 비유적으로 이르는 말이다.
실제 어떤 일이 있기 때문에 소문이 돌게 된다는 뜻이니라.

 헐. 다 이유가 있기 때문에 소문이 난다는 뜻이에요? 진짜요?

 음 그렇지.

 그럼 점박이 약재상에 도는 사부 소문도 다 근거가 있는 소문이구나.

 무슨 소문을 말하는 것이냐?

 사부가 학생 때 여자한테 500번도 넘게 고백했는데 다 거절당했다던데요.

☑️ 빛 좋은 개살구

 이건 제가 설명해 볼게요. 개살구는 겉보기에는 먹음직스러운 빛깔을 띠고 있지만 실제로 먹어 보면 시고 맛이 없어요. 그래서 **겉만 그럴듯하고 실속이 없는 경우**를 이르는 속담이 된 거죠. 비슷한 속담이 또 있어요.

비슷한 속담 **속 빈 강정** 속에는 아무 실속이 없이 겉만 그럴 듯하다.

 그러고 보니 갑자기 돌아가신 스승님이 생각나는구나. 스승님은 항시 나에게 '빛 좋은 개살구'가 되지 말라고 당부하셨지. 지금도 내가 한 인물 하긴 하지만 젊을 적엔 진짜 엄청난 꽃미남이었거든.

 아하~ 그래서 여자한테 500번도 넘게……

 이놈아! 그건 진짜로 아니 땐 굴뚝에 연기 난 거라고 내가 몇 번을 말했느냐!

☑️ 지성이면 감천

 정성이 지극하면 하늘도 감동하게 된다는 뜻으로, **무슨 일에든 정성을 다하면 아주 어려운 일도 순조롭게 풀리어 좋은 결과를 맺는다는 말**이니라.

 그럼 제가 지극한 정성으로 빌면 하늘이 감동하여 로또에 당첨시켜 줄까요?

 아니. 그건 절대로 이루어지지 않는다.

 왜 그렇게 확신하시는데요?

내가 소싯적에 다 해 봤느니라.

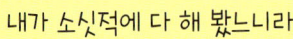

☑ 가재는 게 편

 모양이나 형편이 서로 비슷하고 인연이 있는 것끼리 서로 잘 어울리고, 사정을 보아 주며 감싸 주기 쉬움을 비유적으로 이르는 속담이니라.

 그럼 이거하고 비슷한 속담이네요?

비슷한 속담 **초록은 동색** 풀색과 녹색은 같은 색이다. 처지가 같은 사람들끼리 한패가 되는 경우를 말한다.

 음, 잘 찾았구나. 녀석, 이제 확실히 감이 좀 생겼군.

 근데 사부. 풀색과 녹색은 같은 색인데, 빨강하고 다홍은 다른 색인 거 알았어요?

 으잉? 빨간색이 다홍색이지, 두 개가 왜 다른 색이냐?

 사부도 몰랐죠? 역시 나만 몰랐던 게 아니었어.*

작가 주: 속담 수련기 3장 108쪽을 참고하세요.

☑ 닭 잡아먹고 오리 발 내놓기

 와, 진짜 양심 없네. 닭을 잡아먹었으면 닭발을 내놔야지, 왜 오리 발을 내놔?

 아무래도 엉뚱하게 이해를 한 것 같구나. 이 속담은 옳지 못한 일을 저질러 놓고 엉뚱한 수작으로 속여 넘기려 하는 일을 비유적으로 이르는 말이니라.

 제 말이 그 말이라니깐요? 불닭발이 얼마나 맛있는데!

 ……엉뚱하게 이해한 것 맞구나.

☑ 닭 쫓던 개 지붕 쳐다보듯

개에게 쫓기던 닭이 지붕으로 올라가자 개가 쫓아 올라가지 못하고 지붕만 쳐다본다. **애써 하던 일이 실패로 돌아가거나 남보다 뒤떨어져 어찌할 도리가 없이 됨을 비유적으로 이르는 말**이니라.

비슷한 속담 닭 쫓던 울타리 넘겨다보듯 | 닭 쫓던 개 먼산 바라보듯

근데 왜 항상 개가 닭을 쫓아야 돼요?
사나운 닭이 강아지를 쫓을 수도 있잖아요.

이놈아, 지금 나랑 말장난하자 이거냐?

알았어요, 알았어! 그럼 이번엔 진지하게 여쭤볼 게 있는데요.

또 무슨 소리를 하려고 목소리를 딱 깔고 그러느냐?

오늘 치킨 좀 시켜 주시면 안 돼요?
자꾸 닭 얘기 나오니까 치킨이 급 당기네요.

☑ 첫술에 배부르랴

저도 완전 동감이에요.

으잉? 무슨 소리냐?

어떻게 첫술에 배가 불러요? 100술은 떠야 배가 부르지.

음. 그건 나도 동감이구나.

✅ 팔십 노인도 세 살 먹은 아이에게 배울 게 있다

 어린아이에게도 때로는 귀담아들을 말이 있음을 이르는 말이죠. 근데 사부, 누가 대신 물어봐 달라고 한 질문이 하나 있는데요.

 뭔가 불길한 느낌적인 느낌이 드는구나.

 사부 대체 몇 살이에요? 설마 팔십 넘은 건 아니죠?

 뭬이야? 그걸 대체 누가 물어봤단 말이냐?

 제 팬들이요.

 요놈이 어디서 말도 안 되는 거짓말을……. 네가 팬이 어디 있다고 그러느냐?

 우이 씨! 아닌데. 나 진짜 팬 있는데! 팬들이 사부님 몇 살이냐고 물어본 거 진짜 맞는데!*

작가 주: 그다음으로 많이 받은 질문은 다음과 같습니다.
①설화당주는 몇 살인가?
②광독지존삼천갑자도사는 몇 살인가?
③리웨이는 몇 살인가?

☑ 죽을 때까지 배워도 다 배우지 못한다

 지식에는 끝이 없느니라. 그러니 일생 동안 중단함이 없이 배움을 계속하여야 한다. 알겠느냐?

 그럼 사부도 지금 뭘 배우고 있어요?

 ㄷㄱ

 갑자기 웬 ㄷㄱ?

 어흠! 넌 젊은 애가 이런 것도 모르느냐? '당근'이라는 뜻을 초성으로 쓴 것이니라. 요즘 인터넷 용어를 열심히 배우고 있지. 허허허.

 헐, 그건 '대기'인데. 게임 대기 탈 때 쓰는 말이라고요.

 엥?

☑ 세 살 버릇 여든까지 간다

 어릴 때 몸에 밴 버릇은 쉽게 고쳐지지 않는다는 뜻으로, 어릴 때부터 나쁜 버릇이 들지 않도록 잘 가르쳐야 함을 비유적으로 이르는 말이니라.

 사부, 그건 그렇고 아까 어물쩍 넘어가던데요. 내 팬들이 사부 나이가 여든 넘었냐고······.

 이놈아! 내 얼굴 어딜 봐서 여든이 넘었냐는 망발을 한단 말이냐?

 충분히 넘어 보이거든요?

내 살다 살다 별소릴 다 듣는 구나. 좋다! 내가 여든이 안 넘었다는 증거를 보여 주마. 내가 잘 때 이불을 발로 차고 자는 버릇이 있다는 걸 네 녀석도 잘 알고 있을 게다.

 잘 알죠. 근데 그게 왜요?

 그게 내가 세 살 때 생긴 버릇이니라.

☑ 물이 너무 맑으면 고기가 안 모인다

 아니, 물이 맑으면 살기 좋을 텐데 왜 고기가 안 모여요?

 물에 적당히 영양분이 있어야 고기도 먹고 살지 않겠느냐? 사람이 지나치게 바르고 허물이 없으면, 곁에 사람들이 따르지 않는 법이야.

 아, 그래서 반 애들이 나랑 별로 안 친하게 지내는구나.

 왜 갑자기 '똥이 무서워서 피하나 더러워서 피하지'라는 속담이 머릿속을 스쳐지나가는지 이유를 잘 모르겠구나.

☑ 고생 끝에 낙이 온다

 어려운 일이나 고된 일을 겪은 뒤에는 반드시 즐겁고 좋은 일이 생긴다는 말이니라. 밥하기, 청소하기, 빨래하기, 스승님 안마해 드리기 등 내가 너에게 시킨 일은 네 심신을 단련시키기 위한 수련법이었느니라. 앞으로도 이 속담을 가슴에 잘 새기도록 하여라.

 저는 이렇게 말씀드리고 싶네요. '고생 끝에 골병든다.'

✅ 콩 심은 데 콩 나고 팥 심은 데 팥 난다

 이건 제가 설명을 해 보지요. **모든 일은 근본에 따라 거기에 걸맞은 결과가 나타나는 것임을 비유적으로 이르는 속담**이죠.

[비슷한 속담]
오이 덩굴에 오이 열리고 가지 나무에 가지 열린다 원인에 따라 그에 맞는 결과가 나온다.
왕대밭에 왕대 난다 큰 대나무 밭에 큰 대나무 나듯, 어버이와 아주 딴판인 자식은 있을 수 없다.

 사부도 거울 볼 때마다 이 속담을 가슴에 잘 새기세요.

 흥! 나야 워낙 잘생겼으니 어떤 머리를 해도 다 잘 어울리지.

 오라버니! 왜 계속 전화도 안 받으시고…… 꺄악!

 아니! 꽃님 소저……

 그 뽀글뽀글한 파마머리는 대체 뭐예욧! 너무 못생겨 보이잖아욧!

 유유

 키윽키윽키윽

속담 수련 클리어!

 초성 속담 퀴즈

1. 지성이면 ㄱㅊ

2. 구슬이 서 말이라도 꿰어야 ㅂㅂ

3. 금강산도 ㅅㅎㄱ

4. 초록은 ㄷㅅ

5. 세 살 버릇 ㅇㄷ까지 간다

6. 고생 끝에 ㄴ이 온다

7. 닭 쫓던 개 ㅈㅂ 쳐다보듯

8. 아닌 땐 굴뚝에 ㅇㄱ 날까

정답 1. 감천 2. 보배 3. 식후경 4. 동색 5. 여든 6. 낙 7. 지붕 8. 연기

속담 찾아 보기

가갸 뒤 자도 모른다	38
가는 날이 장날	89, 107
가는 말이 고와야 오는 말이 곱다	91, 108
가랑비에 옷 젖는 줄 모른다	66, 75
가마 속의 콩도 삶아야 먹는다	174
가재는 게 편	162, 177
같은 값이면 다홍치마	90, 108
개구리 올챙이 적 생각 못 한다	114, 133
개똥도 약에 쓰려면 없다	99, 111
개똥밭에 굴러도 이승이 낫다	122, 138
계란에도 뼈가 있다:	109
고래 싸움에 새우 등 터진다	57, 72
고생 끝에 낙이 온다	171, 181
고양이 목에 방울 달기	47, 70
구르는 돌은 이끼가 안 낀다	67, 77
구슬이 서 말이라도 꿰어야 보배	143, 174
귀한 자식 매 한 대 더 때리고 미운 자식 떡 한 개 더 준다	69, 78
금강산도 식후경	150, 174
급하다고 바늘허리에 실 매어 못 쓴다	120, 137
꿩 먹고 알 먹기	106

낙숫물이 댓돌 뚫는다	35
남의 손의 떡은 커 보인다	95, 109
낫 놓고 기역자도 모른다	26, 38
낮말은 새가 듣고 밤말은 쥐가 듣는다	22, 37
내 코가 석 자	116, 136
누워서 침 뱉기	61, 73
누이 좋고 매부 좋다	84, 105

닭 잡아먹고 오리 발 내놓기	168, 177
닭 쫓던 개 지붕 쳐다보듯	168, 178
도랑 치고 가재 잡는다	106
될성부른 나무는 떡잎부터 알아본다	67, 76

등 치고 배 만진다	134
등잔 밑이 어둡다	27, 39
떡 줄 사람은 생각도 않는데 김칫국부터 마신다	30
똥 묻은 개가 겨 묻은 개 나무란다	64, 74
뛰는 놈 위에 나는 놈 있다	69, 78

ㅁ

마른하늘에 날벼락	100, 111
마파람에 게 눈 감추듯	96, 107
말 한 마디로 천 냥 빚을 갚는다	116, 135
말 한마디로 사람이 죽고 산다:	135
말귀에 염불	37
말이 씨가 된다	83, 105
모르면 약이요 아는 게 병	97, 110
무쇠도 갈면 바늘이 된다	35
무식은 암흑이요 지식은 광명이다	46, 70
물에 빠진 놈 건져 놓으니까 보따리 내놓으라 한다	66, 75
물이 너무 맑으면 고기가 안 모인다	169
미꾸라지 한 마리가 온 웅덩이를 흐린다	115, 133
미련한 송아지 백정을 모른다:	35
믿는 도끼에 발등 찍힌다	69, 78

ㅂ

바늘 도둑이 소도둑 된다	47, 71
바늘 쌈지에서 도둑이 난다	71
바람벽에도 귀가 있다	37
발 없는 말이 천리 간다:	37
백지장도 맞들면 낫다	65, 75
번갯불에 콩 볶아 먹는다	21, 36
벼 이삭은 익을수록 고개를 숙인다	67, 76
병 주고 약 준다	116, 134
보고도 못 먹는 것은 그림의 떡	98, 110
비루먹은 강아지 대호를 건드린다	35
빈 수레가 요란하다	64, 74
빛 좋은 개살구	162, 176

ㅅ

서당 개 삼 년이면 풍월을 읊는다	62, 73
세 살 버릇 여든까지 간다	169
속 빈 강정	176
쇠귀에 경 읽기	25, 37
쇠뿔도 단김에 빼랬다	34, 41
수염이 대 자라도 먹어야 양반이다	174
숯이 검정 나무란다	74
식은 죽 먹기	61, 72

ㅇ

아니 땐 굴뚝에 연기 날까	157, 175
아닌 밤중에 홍두깨	118, 137
안 되는 사람은 뒤로 넘어져도 코가 깨진다	97, 109
어두운 밤에 주먹질	137
어물전 망신은 꼴뚜기가 시킨다	133
엎질러진 물	84, 106
열 번 찍어 안 넘어가는 나무 없다	15, 35
오이 덩굴에 오이 열리고 가지 나무에 가지 열린다	182
왕대밭에 왕대 난다	182

ㅈ

자라 보고 놀란 가슴 솥뚜껑 보고 놀란다	88, 107
작은 고추가 맵다	58, 72
작은 도끼도 연달아 치면 큰 나무를 눕힌다	35
제 버릇 개 못 준다	116, 135
제 흉 열 가지 가진 놈이 남의 흉 한 가지를 본다	74
좋은 약이 입에 쓰다	21, 36
죽을 때까지 배워도 다 배우지 못한다	168, 180
지성이면 감천	162, 176
짚신도 제짝이 있다	80, 105

ㅊ

참새가 방앗간을 그냥 지나치랴	54, 71
참을 인(忍)자가 셋이면 살인도 면한다	33, 41
천 길 물속은 알아도 한 길 사람 속은 모른다	131, 139
천리 길도 한 걸음부터	132, 139
첫 술에 배부르랴	168, 178
초록은 동색	177

ㅋ

콩 심은 데 콩 나고 팥 심은 데 팥 난다	173, 182
콩으로 메주를 쑨다고 해도 곧이듣지 않는다	32, 40

ㅌ

티끌 모아 태산	63, 73

ㅍ

팔십 노인도 세 살 먹은 아이에게 배울 게 있다	168, 179
평안감사도 저 싫으면 그만이다	26, 39

ㅎ

하나를 들으면 열을 안다	26, 38
하나를 보면 열을 안다	38
하나만 알고 둘은 모른다	38
하늘이 무너져도 솟아날 구멍은 있다	126, 138
하룻강아지 범 무서운 줄 모른다	19, 35
한 귀로 듣고 한 귀로 흘린다	37
호랑이도 제 말 하면 온다	45, 70
호미로 막을 것을 가래로 막는다	69, 77

글쓴이 천효정

1982년 충남 서천에서 태어났다. 공주교육대학교와 한국교원대 대학원을 졸업한 후, 현재 초등학교 교사로 재직 중이다. 『삼백이의 칠일장』으로 제14회 문학동네 어린이문학상을 수상, 타고난 이야기꾼이라는 호평을 받았다. 그리고 일 년 후, 어린이 심사위원 100명의 깐깐한 심사를 거친 『건방이의 건방진 수련기』가 2014년 제2회 스토리킹 수상작으로 선정되면서 큰 주목을 받았다. 이후 『건방이의 건방진 수련기』 시즌1(전5권)에 이어 시즌2 『건방이의 초강력 수련기』가 출간되었다. 그 밖의 책으로 『대박 쉽게 숙제하는 법』, 『첫사랑 쟁탈기』, 『아기 너구리 키우는 법』, 『도깨비 느티 서울 입성기』 등이 있다.

그린이 이정태

1997년 『영점프』에 「와일드업」을 연재하면서 만화가로 데뷔했다. 『기가스』에 「펜더모니엄」 시리즈를 연재했으며, 2000년에 '오늘의 우리만화상'을 받았다. 2001년 앙굴렘 만화전에 작품을 전시해 『펜더모니엄』을 프랑스와 대만에서 출간했으며, 2002년 이후 어린이들을 위한 학습 만화와 코믹스를 그리고 있다. 『건방이의 초강력 수련기』 시리즈, 『문과1등 이과등』, 『스페셜 솔져 코믹스』, 『김병만의 정글의 법칙』, 『브리태니커 만화 백과』 등을 작업했다.

1판 1쇄 펴냄—2022년 6월 15일, 1판 2쇄 펴냄—2022년 7월 1일
글쓴이 천효정 그린이 이정태 펴낸이 박상희 편집주간 박지은 편집 윤홍은 디자인 정다울
펴낸곳 (주)비룡소 출판등록 1994. 3. 17.(제16-849호)
주소 (06027) 서울시 강남구 도산대로1길 62 강남출판문화센터 4층
전화 영업 02)515-2000 팩스 02)515-2007 편집 02)3443-4318,9 홈페이지 www.bir.co.kr
제품명 어린이용 환양장 도서 제조자명 (주)비룡소 제조국명 대한민국 사용연령 3세 이상

ⓒ 천효정, 이정태 2022. Printed in Seoul, Korea.

ISBN 978-89-491-2467-4 74800/ ISBN 978-89-491-2447-6(세트)